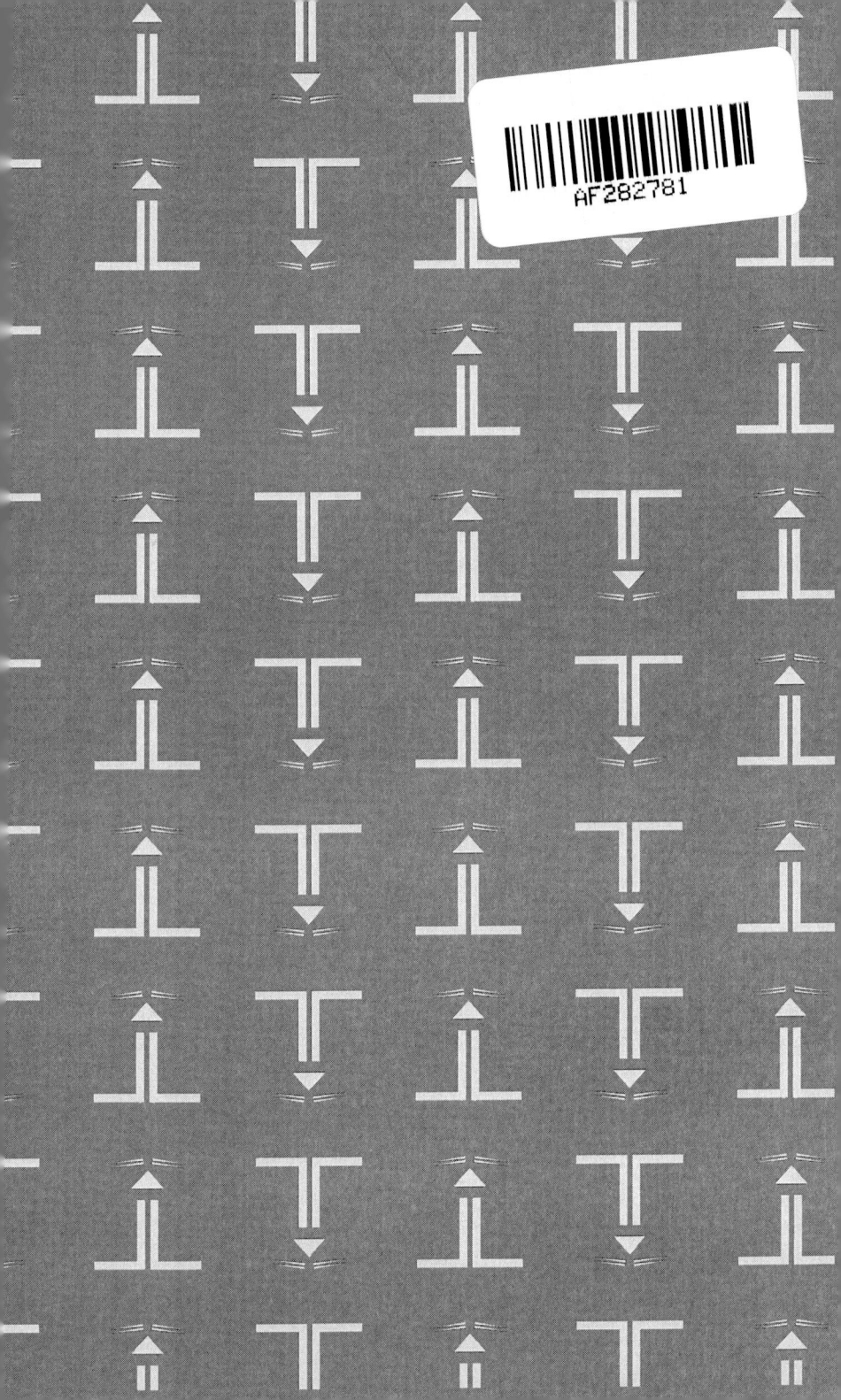

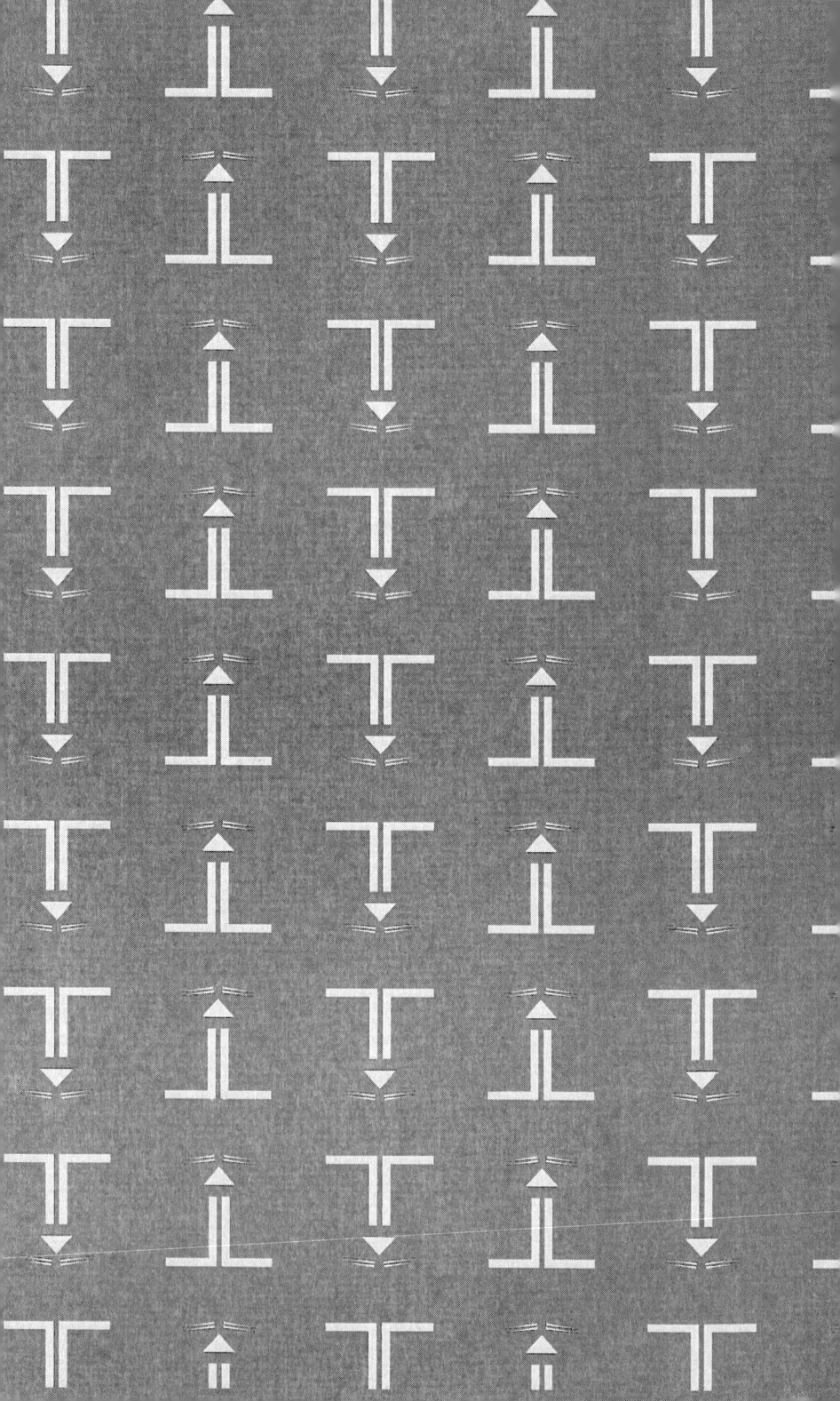

EL NUDO INFINITO

LEONOR BÁEZ CABRERA

TIGRES DE PAPEL

Primera edición, 2025

© Leonor Báez Cabrera
© Del prólogo, Carmen Verde Arocha

Imagen de cubierta: Guillermo Barrios
Fotografía de la solapa, Javier Escalante Manzo

© De la presente edición, Ediciones Tigres de Papel
Calle Camino de Orusco, 19, chalé 7
28560 CARABAÑA (Madrid)
www.tigresdepapel.es
info@tigresdepapel.es

ISBN: 978-84-128619-9-0
Depósito legal: M-9620-2025
Impreso por: Industrias Gráficas Afanias

A mis hijos

EL NUDO INFINITO

PRÓLOGO

LEONOR BÁEZ CABRERA:

«LA TIERRA ESCUCHA MI ATERIDO SILENCIO»

Y la palabra será consuelo
Para este extraño vivir
LEONOR BÁEZ CABRERA

Leonor Báez Cabrera (Caracas, 1958) en este su segundo libro *El nudo infinito*, emerge con una voz distinta de aquella que se puso de manifiesto en su primer poemario, *El nudo blanco*[1], donde prevalece una serena plática con la tierra y la naturaleza, con el asombro del ojo humano frente a la vida. Lo dicho no descarta que en algunos de esos versos se avizoran sutilmente tres temas que la poeta convierte en vórtice principal de su nueva creación poética:

Primero, la mirada compasiva y melancólica hacia el sufrimiento de la mujer:

Un lunes en la mañana
una mujer opaca
se sostenía en el autobús[2]

Segundo, el aliento premonitorio de estos versos:

---

[1] Leonor Báez Cabrera/Yolanda Pantin. *El nudo blanco*. Madrid: Ediciones Tigres de Papel, S.L. 2022.

[2] Leonor Báez Cabrera/Yolanda Pantin. «Linga», en: *El nudo blanco*.

Crujen las piedras
en el cielo se avecina la tormenta[3]

Tercero, ya no de contenido, sino de forma: en *El nudo blanco* los poemas dialogan con fotografías de Yolanda Pantin, en *El nudo infinito* los poemas son custodiados con los epígrafes de Pizarnik, Dostoyevsky, Owen, Rich, Ismail, Mahfuz, Goethe y Job.

Julia Kristeva a propósito de la búsqueda del amor y del desabrigo en el hombre, en una entrevista que le concede a Ger Groot, asevera que: «Sólo somos personas cuando nos situamos frente a otro, nunca de forma aislada. Lo que nos convierte en personas es el vínculo con el otro, la relación de amor. Si ese vínculo se destruye, surge la barbarie. Sólo entonces afloran el odio y la violencia»[4]. Y de eso trata *El nudo infinito*, al revelarnos la ausencia del amor y la falta de compasión hacia el otro, puestos de manifiesto, por ejemplo, en los poemas que entrevén el flagelo que padecen algunas mujeres, y sobre la guerra y sus horrores.

En el *Diccionario de la lengua española*, la palabra «nudo» viene del «lat. vulg. nudus, y este del lat. nodus», que en su primera acepción dice «m. Lazo que se estrecha y cierra de modo que con dificultad se pueda soltar por sí solo, y que cuanto más se tira de cualquiera de los dos cabos,

---

[3] Leonor Báez Cabrera/Yolanda Pantin. «Piedra de Rayo», en: *El nudo blanco*
[4] Ger Groot. «Entrevista con Julia Kristeva». Letras de Chile. 6 de septiembre de 2008. https://letrasdechile.cl/2008/09/06/entrevistaconjuliakristeva/

más se aprieta»[5]. Pero Báez Cabrera acompaña el sustantivo nudo con la palabra *infinito*, es decir que en *El nudo infinito* se habla de ataduras, lazos que nunca podrán a su entender liberarse, soltarse, como el que se hace visible en los poemas «El hijab en llamas», «La Efigie», «Mutilada», «Juana Manuela Álvarez».

El nudo infinito, no solo alude a la mujer quebrada, sino que el nudo se extiende a la esclavitud, a la patria, a la guerra. La tormenta que se avecina limpia el semblante despiadado de lo humano. La poeta no elude su desencanto por la realidad en su lado más cruel y se pregunta:

> *¿Venimos a destruir*
> *La civilización?*[6]

Ambiciona explorarla:

> *¿Qué lengua habla*
> *Esta ciudad?*

Le consigue sentido, la asume, convive con ella:

> *Aprendí a volar*
> *En la bandera*
> *Ondeante y altiva*
> *De mi patria.*

---

[5] Real Academia Española. *Diccionario de la lengua española.* https://dle.rae.es/ nudo. 23.ª ed., [versión 23.8 en línea]. [20 de enero de 2025].
[6] Los versos de la autora que no tienen llamada pertenecen a los poemas de este libro, *El nudo infinito*.

La sensibilidad y piedad de Leonor Báez Cabrera frente al espejo que somos, llama a la reflexión:

Llévame a casa
Donde los ángeles
Se despojan
Del verbo que oprime

La poeta transfigura el horror, debilita el anhelo por la muerte y busca desesperadamente conocer al otro, de cualquier época, raza, país, situación social. Urge sentir a ese otro en la palabra, por la palabra:

Allí podré encontrar
Mi propio rostro
Y la palabra será consuelo
Para este extraño vivir

Es entonces, cuando ahonda en el misterio de lo vivo, donde la muerte no es la preocupación, como sí lo es la importancia de estar vivo:

¿Me uno en fila
A los vivos?

Aquí, no podemos obviar esa vecindad o simpatía que se da entre los epígrafes y los poemas de *El nudo infinito*. No es casual que «Muerte» el primer poema, de este libro, lo encabece un epígrafe de Alejandra Pizarnik, quien en distintas ocasiones, ha sido acusada de solipsismo cuando se trata, en verdad, de una poeta enteramente piadosa. Qué bien dialoga su voz inerme, devastada, con la evocación de los horrores de la guerra que hace Leonor Báez Cabrera en sus poemas, con una perspectiva y sensibilidad del todo similares. Las imágenes de campos de concentración la obseden, con su ominosa abundancia de ojos, desde todos los ángulos. Ojos que persiguen y son perseguidos. Como en *Rapsodia en Agosto* de Kurosawa, donde el hongo atómico se convierte de pronto en ojo inmenso y fatídico. Pesadilla. ¿Pueden ellos, o el tiempo a través de ellos, decirnos que nunca hemos existido, como lo escribe Báez Cabrera al final del segundo poema que los evoca?:

> *Escaparé de la insoportable*
> *Sucesión del tiempo.*

¿Puede un ojo, la luz, la vida misma, pregonar que la vida nunca ha sido verdad?

De otros epígrafes o citas se vale la autora, que confirman el espíritu de la cita original. Sobre todo Wilfred Owen, porque solo un pan pintado, azul, del todo ficticio sacia el hambre de fusiles enfundados; y Dostoievsky, el de la noche más lóbrega y el duelo más profundo, cuando Dios está más cerca, a partir de cuya evocación la poeta vuela a otros campos de batalla y se detiene en otras guerras no menos brutales y sus víctimas del todo agobiadas: la esclavitud y los esclavos, las mujeres maltratadas. Lodo es patria. Patria es lodo. Madre es Dios.

Quien crea, pese a lo dicho, que en estas páginas hallará solo testimonio del horror, ignora o desestima uno de los motivos centrales, uno de los más genuinos mitemas de nuestra tribu: el retorno al hogar. ¿De qué hogar hablamos? ¿Ese hogar donde nuestra perra (Sivana) muerta (como el perro de Ulises) se revela como el dios Pan? Hay un sueño más supremo que la vida, dice el ave enferma, entre sábanas grises. En la cita de Job se habla del ave fénix. En otras traducciones de este versículo, se dice arena. Desconcierta creer que ave es arena. El ave enferma insiste: hay un sueño más supremo que la vida. La vida mira al río. La vida es, entretanto, aves, carama, cardúmenes.

Los invito a leer desde la compasión y el amor estos poemas de *El nudo infinito*, de Leonor Báez Cabrera.

CARMEN VERDE AROCHA
2025

Temblor a la intemperie

Entonces llegué, o, más exactamente, me alejé.
¿Tendré tiempo de hacerme una máscara para
Cuando emerja la sombra?

ALEJANDRA PIZARNIK

MUERTE

Sobrevuelas

   La luna de otoño

En esta noche tan suave y limpia
Te disfrazas de calabaza

Los espectros recobran
La escena nocturna
No hay velo
Entre los mundos

Sin ti, al tiempo se le escapa
El momento
Sin ti, me pierdo en
La nada infinita
Sin ti, no hay espacio
Entre la mirada y el espejo
Sin ti, soy rehén

De mis sombras
Sin ti, no escucho el eco
De las palabras
Sin ti, las hogueras se encienden
Sin mis muertos

Muerte, sin ti, no tengo vida.

REMOLINO DE SÍLABAS

El río me aspira sin cesar
Las palabras
En los pliegues de luz
De la aurora
Palidecen

Arrastro las piedras

Y transformada en el temblor
De un remolino de sílabas

Escaparé de la insoportable
Sucesión del tiempo.

Cuanto más oscura es la noche, más brillantes son las estrellas.
Cuanto más profundo es el duelo, más cercano está Dios.

Fyodor Dostoyevsky

LIBERTAD

Marchaba

Del pavimento caliente
Emanaban las palabras vacías
Como lluvia de piedras
Azotaban mi espalda
Cicatrices de mis pasos

En la meta vacante
Las palabras de fuego
Eran ceniza

Ahora duermo sin soñar.

CIUDAD

¿Qué lengua habla
Esta ciudad?

Lengua que malogra
La luz de los araguatos

Lengua que habla
De venganza y resentimiento

Traigo un lamento
Que penetra el
Helecho ancestral
Yace mi desespero
En las esporas dormidas

Las palabras no dichas
Son territorio
De lo ausente

Me extravío por sus calles.

Algunos ya no sienten por sí
mismos ni a sí mismos se sienten.
El azar y la duda de las bombas
se resuelve en letargo e indiferencia…

WILFRED OWEN

PROMETEO

Cuando retumban
Las piedras en el río

Despierta la bestia
Que yace en las entrañas

Envuelta en llamas
De furia
Devora cualquier resquicio
De compasión

Somos siervos del mal

Sanguinarios y perversos
Embestimos
La cal seca
De nuestros huesos

Fuerza y Violencia
Consolidan
El Poder

¿Venimos a destruir
La civilización?

¿Valió la pena entregar el fuego a los hombres?

SENTENCIA DE MUERTE

Hacinados en la trinchera
El coraje se erosiona
Apaga nuestro aliento

En este silente frío
Las memorias se disipan
Como dunas
Moldeadas por el viento

Libres de miedo
Sellamos
La sentencia de muerte.

LA URDIMBRE

Aprendí a volar
En la bandera
Ondeante y altiva
De mi patria

Un viento
Rancio y plañido
Venció su vuelo

Lavada de sol
Cedió la urdimbre
De sus colores

Delgadas fibras
Enlazaban
Mis últimos anhelos

Perdí el hilo del que asirme.

HIJO DE LA ESPERANZA

Una tenue luz
Sedimentó
La sangre

¿ Estaremos todos
Otra vez
En los campos secos
De pólvora?

El hijo
De la esperanza
Yace aquí

Camuflajeado.

CUERVOS

a Ceija Stojka

I

Los cuervos sobrevuelan
Las alambradas de púas

Ojos en el cielo, ojos en las ramas
        Ojos, ojos

Los ojos de los muertos
No reflejan
La luz

II

Los cuervos sobrevuelan
Las alambradas de púas

El tiempo entre mis manos
Me habla:
"Nunca has existido".

CALINA

Me uno en fila
A los vivos

Ato mis huesos
Para que mi alma
No se pierda en la calina.

PAN PINTADO

Pan Pintado 1966

MAN RAY

Un espejismo azul
Sacia el hambre
De fusiles enfundados.

LODO

Boca abajo
Con el rostro cubierto
De lodo
Se desvanece la patria

Mi iris confunde
A madre con Dios.

¡Una caverna de cicatrices!
antiguo, arcaico empapelado
acumulado, capa a capa…

ADRIENNE RICH

El hiyab en llamas
Y la mirada al frente

No salva

De las botas en la espalda.

LA EFIGIE

a todas las mujeres que pierden su sonrisa tras el ácido derramado.

Soy el espejo vivo
Que grita
En tus pupilas

La imagen desaguada
Que invade
Tus noches de insomnio

La efigie que sostiene la dignidad

La ausente

Presente.

MUTILADA

No solo me cortaron el clítoris, me cortaron la vida.

ASHA ISMAIL

Entre las piernas
Se despliega arena oscura
Pintada de creencias
Alguien ha trazado
Una línea delgada

El dolor va creciendo
En el inerte clamor
De un alma mutilada
En el ocaso del cuerpo

Luna azul Alumbra
El sendero a la gruta
Que separa dos tumbas.

JUANA MANUELA ALVAREZ

Nació en Guamasa, 1904, en la isla de Tenerife Canarias.
Logró salir de la isla y llegó a las costas de Venezuela.

No me sueltes la mano,
allá vienen los uniformes,
las linternas y mosquetones.
Un día de otoño llegaron al portal.
Se llevaron a mi marido en un camión de ganado.
Nunca regresó.
Todavía escucho al niño llorar desde el barreño de madera.
Mi leche era mala.
—Alimentó al niño con sangre menguante.

ESCLAVOS

Tumbada entre los cuerpos

Moraba el haz oscura
De la respiración
Nubes
Como centinelas
Observaban el barco marcharse

Éramos larvas del destino

Atrás quedaron mis muertos
Con sus ropajes de hiedra

Rechinaban las cadenas
    Tierra

Borrado el corazón
Uno a uno descendimos

Número 39

Recuerdo el desolado mirar
Que cavaba hacia adentro

    La tierra escucha mi aterido silencio.

Regreso a casa

FAUSTO

… impotentes aguaceros de hielo granizado que caen en estrías sobre el suelo que verdea en un principio era la fuerza igualito que el perro en el cepo maldigo lo que en sueños nos engaña con ilusiones de renombre y fama ¡Maldita la esperanza ! ¡Maldita la fe, y maldita sobre todo la paciencia! rojo oro que sin descanso como si Mercurio fuera se te escurre entre las manos fugacidad del meteoro fruto que se pudre árboles que a diario reverdezcan yo le digo al instante ¡ detente! lancémonos a la embriaguez del tiempo me falta el arte de vivir ligero me repugna esta necia brujería y me prometes que voy a curarme en medio de este caos de locura …

EL ABSURDO

Si solo pudiese
    Extraer
El alma fragante
De la esencia

Fijar el momento
En el –ambar gris–
De los mares

Finito inmutable

Muerte no imprimas
Esperanza
En mi corazón reseco

Volátil

Se desvanecerá en el tiempo

Y sucumbiré
Ante el absurdo
Tan vacía como antes.

SUEÑO SIVANA

De una rendija del techo
Se asomaba
Mi perra muerta Sivana
Viva serena
Destacaba entre las ratas

La reconozco a tientas
Y bajé con cuidado

Pan ¿regresas?

¿Dime si es un sueño o
La víspera del instinto?

Llévame a casa
Donde los ángeles
Se despojan
Del verbo que oprime

Allí podré encontrar
Mi propio rostro
Y la palabra será consuelo
Para este extraño vivir.

BENNU

Las agujas del reloj
Puntean las dos y treinta

Alas escarlata
Se despliegan
De mis brazos

Se elevan
Por la velocidad de
Mi pensamiento

Los árboles se entretejen
Trazando el camino del agua
La ciudad dormida aletea

Sueño y pienso que vivo

Todo parece detenerse
Me encuentro ante
La fría indiferencia
De unos muros

Muros que sepultan

No escucho otra cosa
Que el taconeo seco
De las enfermeras

¿No volveré, no abrazaré
De nuevo este cielo?

Entre sábanas grises
Pongo mi huevo
Espero los primeros rayos de sol

¿ Arderá todo
Y renaceré de mis cenizas?

El sueño más supremo que la vida.

SALVAJE LIBERTAD

Habían pasado
Las ráfagas de lluvia

Una bandada de loros
Sobrevolaba mi jardín
Uno se alejó
Posándose en el morichal

Inmersa en el olor
De la hierba
Recién lavada
Le entregué flores

Cayenas ataviadas de rojo
Rindiendo sus reverencias
Al sol

Botones de rosa
Prodigios naranja
Que evocaban
Memorias infantiles

Esencias de
Jazmín y gardenias
Se mezclaban
En sinfonías celestiales

Salvaje libertad

La naturaleza no espera la muerte.

POROROCA

Un día como ese
Sentada a orillas
Del río Amazonas

Me envolvió el brillo
Del sol de mediodía
Una luminosidad
Que no parpadeaba

Lejana
Una garza inmóvil

De pronto
Un gran estruendo

Tendidos de frente
El sol y la luna
Comenzaron a empujar

Una gran cresta
Corrió río arriba y
Troncos envueltos de lianas
Cayeron en sus aguas ariscas

Cuando todo parecía agonizar
El río trastocado
Fue estirando sus brazos arcillosos y
Emergieron de sus aguas
Cardúmenes de peces
Que el mar había dejado atrás

Los cangrejos, las pirañas y
Bandadas de aves marinas
Vinieron a su encuentro

Un día como ese
Allí
En esa confluencia de aguas
Pude sentir
La eternidad.

AGRADECIMIENTOS

Gracias,

A la Fundación Centro de Poesía José Hierro, Julieta Valero, su directora, y sus profesores por su guía y apoyo.

A la poeta Carmen Verde Arocha, cuyo prólogo comparte estas páginas. El entusiasmo y afecto respiran a través de sus palabras. Gracias, Carmen, por tus atinadas sugerencias.

A Veronica Jaffé, Marina Gasparini Lagrange y Yolanda Pantin, por su disposición y cariño en la minuciosa revisión de los poemas y sus valiosas recomendaciones.

A Mara Troublant y Paco Moral, de la editorial Tigres de Papel, por su confianza y esmero en la elaboración de esta bella edición del *El Nudo Infinito*.

A Guillermo Barrios por obsequiarme la hermosa fotografía de la portada.

A Javier Escalante Manzo por el sugestivo retrato que acompaña mi biografía.

Leonor Báez

ÍNDICE

TIGRES DE PAPEL

La presente edición de *El nudo infinito*,
de Leonor Báez Cabrera, se terminó de imprimir
el día 21 de mayo, aniversario del fallecimiento
del poeta venezolano Andrés Eloy Blanco.
Esta edición consta de trescientos (300) ejemplares
numerados, de los que el presente hace el número

178

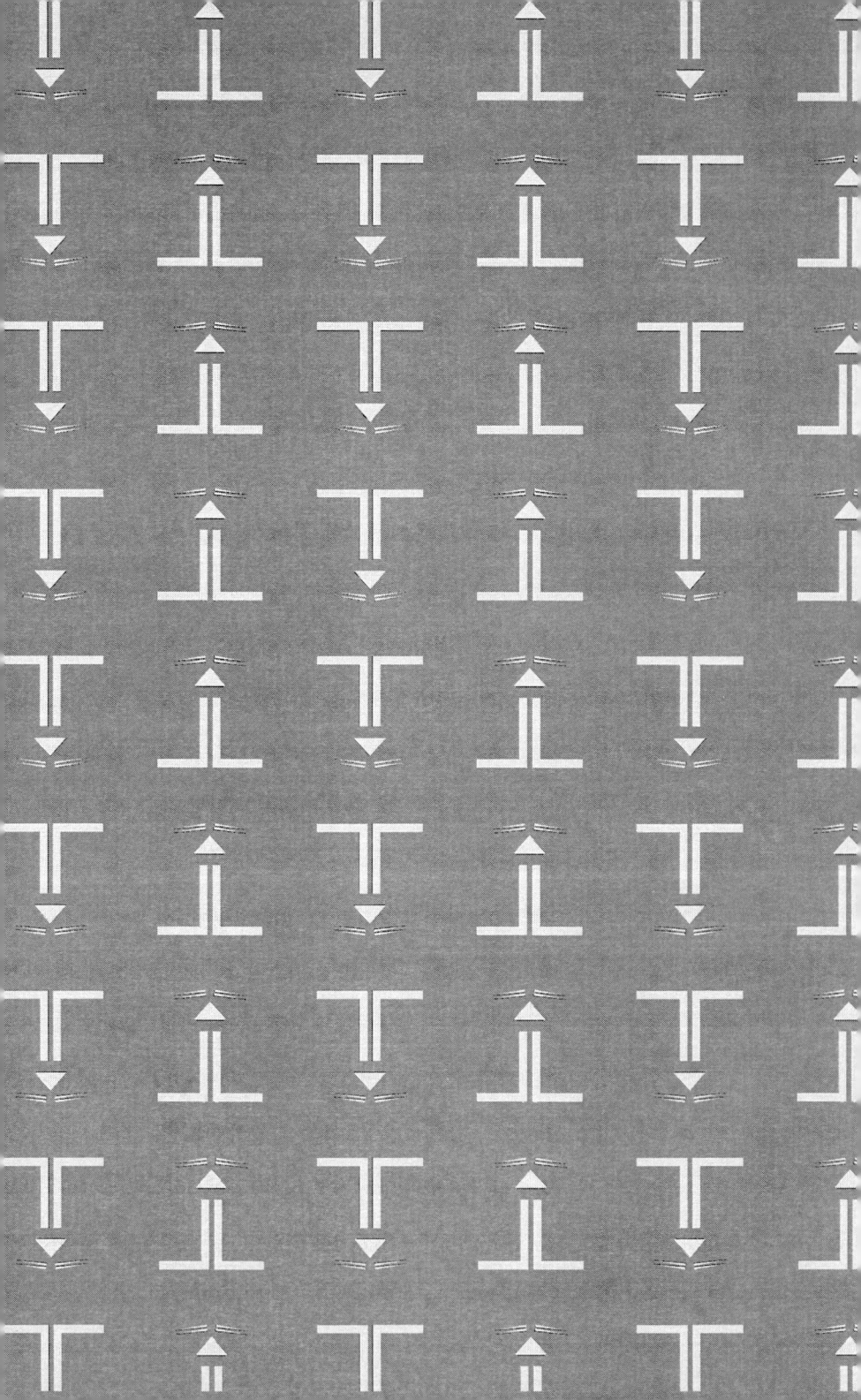